# MÉMOIRE

## SUR UNE QUESTION

### DE

# GÉOGRAPHIE-PRATIQUE,

*Si l'applatissement de la terre peut être rendu sensible sur les Cartes, & si les Géographes peuvent la négliger, sans être taxés d'inéxactitude ?*

Lu à l'Académie Royale des Sciences en Juillet 1775.

*Par M.* ROBERT DE VAUGONDY*, Géographe ordinaire du Roi, du feu Roi de Pologne, Duc de Lorraine & de Bar ; de la Société Royale des Sciences & Belles-Lettres de Nancy, & Censeur Royal.*

---

Utilitas, justi propè mater & æqui.
*Horat. Lib.* 1. *Sat.* 1.

---

## A PARIS,

Chez {
l'Auteur, Quai de l'Horloge, près le Pont-Neuf.
ANTOINE BOUDET, Imprimeur du Roi, rue Saint-Jacques.

---

M. DCC. LXXV.
*Avec Approbation, & Privilége du Roi.*

# MÉMOIRE

## SUR UNE QUESTION

### DE

## GÉOGRAPHIE-PHYSIQUE

... quel changement de la terre peut être rendu ... que les Géographes pourront la négliger ...

Par M. ... , Géographe ordinaire du Roi, de la R... , Docteur ... , & ... des Sciences & Belles-Lettres de ...

# AVERTISSEMENT.

IL exifte deux ouvrages, l'un intitulé : *Differ-
tation fur différens points de géographie* ; & l'autre : *Eclairciffemens hiftoriques fur un fait littéraire*,
que je n'ai point lus. Je ne les connois avoir pour
auteur *M. Rizzi-Zannoni*, que par une *Réfutation* publiée par *M. Bonne*, *maître de Mathématiques*, *ingénieur-géographe*, & imprimée, fuivant
le titre, à *PADOUE*, *chez M. RIXA*, à l'enveloppe
*cylindrique*, *1775*. Ces ouvrages, ou plutôt leur
réfutation, abftraction faite des farcafmes que leurs
auteurs fe font permis réciproquement, m'ont ex-
cité à étudier & à éclaircir avec attention la matière qui s'y trouve traitée. Je n'ai donc l'avantage
de connoître ces auteurs que par leurs productions,
& fans elles je n'euffe jamais penfé à éxaminer & à
difcuter la queftion qui fait l'objet du mémoire
que je publie fous l'approbation de l'Académie
Royale des Sciences.

Entre différens ouvrages géographiques de M.
Bonne, on doit remarquer fur-tout la *carte de la
mer Méditerranée* ; celle *du théâtre de la guerre entre
les Ruffes, les Polonois, & les Turcs* ; & la *Ruffie*,
en deux petites feuilles. La première, dont il eft
queftion dans ce mémoire, ne préfente aucune
nouveauté, fi ce n'eft qu'elle eft la première fur laquelle l'auteur prétend avoir fait fentir l'applatiffe-

ment de la terre. Elle paroît avoir été faite avec
un très-grand soin pour le giſſement & la configu-
ration des côtes, & l'on croiroit, ſi elle n'étoit poſ-
térieure à la carte d'*Europe* en ſix feuilles de M.
d'Anville, qu'il auroit communiqué ſes matériaux
& ſes conjectures à ce ſavant géographe, par la
reſſemblance qui ſe trouve, pour cette partie, entre ces deux ouvrages par rapport à la détermination des lieux en longitude & en latitude.

Quant à celle du *Théâtre de la guerre entre les
Ruſſes, les Polonois & les Turcs*, projettée, c'eſt-à-
dire, conſtruite par ce même auteur, l'on y remarque des différences conſidérables pour ce qui con-
cerne ſur-tout les longitudes depuis *Vienne* en Au-
triche juſqu'à *Cazan* en Ruſſie, & ces différences
influent auſſi dans ſa carte *de Ruſſie*. L'on y voit
*Vienne* à 33ᵈ. 15′. de longitude, au lieu de 34ᵈ.
2′; *Conſtantinople* à 48ᵈ. 6′, au lieu de 46ᵈ. 36′;
*Aſof* à 62ᵈ. 30′, au lieu de 59ᵈ. 20′. La *mer Noire*
s'y trouve avoir près de 5ᵈ. de plus d'étendue en
longitude; ce qui, ſous le 43ᵉ. parallèle, donne
environ 90 lieues de plus qu'on ne croyoit devoir
lui aſſigner. Juſqu'à préſent le 70ᵉ. méridien cou-
poit la *mer Caſpienne* du nord au ſud; mais ſur la
*Rnſſie* de M. Bonne, (que M. Delalande cite par
préférence à celles qui avoient été publiées anté-
rieurement, & dans laquelle l'auteur s'écarte encore plus que les autres des longitudes de *Gurjew*
& *Orenburg*, indiquées dans le mémoire du *paſ-
ſage de Vénus ſur le ſoleil*, 1762. pag. 18;) ſur cette

carte, dis-je, c'est le 75<sup>e</sup>. méridien qui coupe cette mer. Enfin sur son grand globe d'un pied, & sur ses cartes de l'Histoire politique des Indes, cette mer, qui paroissoit avoir reçu un gissement constaté par la carte de Pierre I, & conservé dans celle que M. d'Anville a publiée en 1754, se trouve avoir une situation oblique du nord-ouest au sud-est, & moyenne entre celles de Ptolemée & de Pierre le Grand.

Ces nouveautés méritoient bien d'être discutées par un mémoire qui auroit contribué à l'histoire des connoissances géographiques. Elles ont dû faire sensation sur quelques esprits dans le public, sur-tout lorsqu'un auteur avance que des géographes, *non prévenus & munis de connoissances mathématiques suffisantes, recevront unanimement l'applatissement de la terre,* ( pour le faire sentir dans la construction des cartes. ) Qui ne croiroit en effet qu'il est le seul, depuis que l'on a reconnu la sphéroïdité applatie du globe, qui ait été doué des connoissances qu'il éxige avec justice dans ceux qui courent la même carrière ? Le temps qui s'est écoulé depuis que cette *Réfutation* de M. Bonne a été publiée, sans en avoir essuyé aucune, ne paroîtroit-il pas donner gain de cause à son auteur ? Mais il est toujours temps, & même c'est un devoir que l'on doit s'imposer, de combattre, avec toute la décence convénable, des assertions fondées sur des hypothèses, & dont il ne résulte autre chose que l'impossibilité de pouvoir éxécuter ce

qu'elles renferment; c'eft ce que je crois avoir démontré avec la plus grande évidence.

Archimède connoiffoit jufqu'à quel point l'on
peut augmenter la force par le fecours de la mé-
canique; auffi je l'admire dans fa demande; il ne
lui faut qu'un point-d'appui hors de la terre, & il
changera de place ce globe, quelqu'immenfe qu'il
nous paroiffe. Qu'on me donne, dirois-je auffi,
des organes qui puiffent me mettre en état de vous
faire fentir dans une carte, de telle grandeur que
foit fon échelle, une différence d'un *fept cens foi-*
*xante & huitième* fur une lieue en plus ou en moins,
c'eft-à-dire, d'ajouter à un pouce ou d'en fouftraire
la *foixante & quatrième partie* d'une ligne; & pour-
lors, *muni des connoiffances mathématiques fuffifan-*
*tes*, je me ferois un crime de ne pas profiter des
avantages que j'aurois obtenus. Mais vœux inutiles!
L'efprit connoît l'exiftence & la dimenfion d'une
quantité infiniment petite; il conçoit que le diamêtre d'un grain de fable d'une ligne en plus ou en
moins fur la hauteur d'une montagne de *trois cens*
toifes, augmente ou diminue cette hauteur de la
*deux cens cinquante-neuf mille deux-centième partie;*
fon effence eft de tout pénétrer, de tout mefurer;
mais la main fe trouve arrêtée par des obftacles
qu'elle ne peut furmonter, faute de moyens de réa-
lifer palpablement ce que l'efprit a combiné. Il faut
donc s'en tenir à cette maxime d'Horace:

Eft quodam prodire tenùs, fi non datur ultrà.

*Lib.* 1. *Epift.* 1.

## EXTRAIT des Regiſtres de l'Académie Royale des Sciences.

### Du 23 Août 1775.

NOus avons examiné, par ordre de l'Académie, un mémoire de M. de Vaugondy, ſur la queſtion, *ſi l'applatiſſement de la terre peut être rendu ſenſible ſur les cartes, & ſi les géographes peuvent le négliger ſans être taxés d'inexactitude.* M. de Vaugondy obſerve, 1°. que la quantité de cet applatiſſement n'eſt pas exactement connue. Les différens degrés meſurés du méridien donnent des quantités qui différent entr'elles, & qui diffèrent de celle qui eſt déduite de la théorie, la terre ſuppoſée homogène. Cette incertitude ſur l'élément même en rend l'emploi plus difficile.

2°. Il obſerve que, quand on veut tracer ſur une carte les différens degrés du méridien, on ſait ſeulement que ces degrés croiſſent en allant de l'équateur au pole; mais la loi n'en eſt pas ſuffiſamment fixée. M. Bouguer en a ſuppoſé pluſieurs, & les différences de ces hypothèſes font une nouvelle ſource d'incertitude.

3°. Il obſerve que la petiteſſe de cet élément rend ſes effets inſenſibles ſur les cartes, à moins qu'on ne les faſſe ſur un très-grand point. Il choiſit, pour exemple, une carte qu'il ſuppoſe embraſſer 9°. en latitude depuis le 48°. juſqu'au 57°. & 18°. en longitude : en donnant 25 pouces au degré, c'eſt-à-dire, un pouce à la lieue, cette carte aura 18 pieds 9 pouces de haut & 15 pieds 6 pouces de large. La différence des deux hypothèſes de la terre ſphérique ou ſpéroïde accourci donne 3 lignes ½ ſur la latitude, & 2 pouces ſur la longitude, ou 2 lieues ſur 303, c'eſt-à-dire, un $\frac{1}{151}$ d'erreur. Cette erreur eſt moindre dans les poſitions intermédiaires de la carte, mais en ne prenant ici que les poſitions extrêmes l'erreur qui en réſulte eſt de 40″. ſur la latitude, & de 30″. en temps ſur la longitude, cette erreur n'excéde pas celle que les obſervations comportent. Si l'on excepte quelques villes de l'Europe, telles que *Paris, Londres,* où il y a des obſervations conſtantes, & des obſervatoires fixes, le plus grand nombre des autres poſitions eſt aſſujetti à une pareille erreur.

Il ne paroît donc pas bien nécessaire d'employer un élément dont la quantité n'est pas entiérement fixée, & dont les effets ne surpassent point l'erreur des observations, sur-tout si l'on considére que dans des cartes d'un plus petit point, ces effets de l'applatissement de la terre ne seront pas sensibles au compas.

Telles sont les réfléxions par lesquelles M. de Vaugondy, jaloux des suffrages du public, & sur-tout de la perfection des cartes géographiques, se justifie de ne pas employer cet élément. Nous ne pouvons cependant blâmer les géographes qui se proposeront de l'employer. On ne peut exclure une précision rigoureuse à laquelle l'Académie tend sans cesse par ses travaux ; mais comme dans le cas présent cette précision est plus métaphysique que pratique, comme elle peut être détruite par l'erreur inévitable des observations, nous pensons qu'en applaudissant aux efforts des géographes qui tenteront de tenir compte de l'applatissement de la terre, l'Académie peut continuer à regarder comme bonnes ses cartes où cet applatissement est négligé, & nous croyons qu'elle peut accorder son suffrage & son approbation aux réfléxions de M. de Vaugondy. *Signés* DELALANDE, BAILLY, D'ANVILLE.

*Je certifie l'extrait ci-dessus conforme à son original & au jugement de l'Académie. A Paris, le 2 Septembre 1775.*

GRANDJEAN DE FOUCHY,

Secrétaire perpétuel de l'Académie Royale des Sciences.

MEMOIRE

# MÉMOIRE

## *SUR UNE QUESTION*

### DE

# GÉOGRAPHIE-PRATIQUE.

**L**A différence qui se trouve entre la sphéricité & la sphéroïdité applatie de notre globe peut-elle se faire sentir dans la construction des cartes ; & pourroit-on taxer de négligence ou de prévention un Géographe qui suppose la terre sphérique, & les degrés des méridiens égaux entre eux & à ceux de l'équateur ?

1. Cette question m'a paru d'autant plus intéressante à discuter, que par état je ne dois rien négliger lorsqu'il s'agit de moyens qui peuvent contribuer aux progrès de la géographie. De plus, je me suis trouvé souvent

A

expofé à me l'entendre faire, fur-tout depuis qu'il a paru, en 1765, un écrit *, dans lequel, fans vouloir blâmer les géographes de nos jours, l'auteur préfume que ceux qui leur fuccéderont, *non prévenus & munis de connoiſſances mathématiques fuffifantes, recevront unanimement l'applatiſſement de la terre.* Cet écrit eſt la réfutation d'un ouvrage géographique, dans lequel on traitoit des projections des cartes, fuivant l'applatiſſement de la terre. La lecture de cet écrit fait voir que fon auteur, qui ne faifoit point fa principale occupation de la géographie, eſt un favant géometre, capable par fes calculs d'atteindre à la plus grande perfection poſſible. Mais ne feroit-il pas à craindre que la théorie de ces calculs ne fût indocile dans la pratique, & que la main ne refufât d'exécuter ce que la profondeur du génie a pu faire découvrir ? *L'applatiſſement*, dit-il, *n'eſt pas confidérable, mais il éxiſte ; fon influence fur les cartes eſt fenfible, j'y ai eu égard dans les miennes ; l'accueil que le public leur a fait, femble prouver qu'il en a été content.* Il s'agit donc de faire voir que, quoique cet *applatiſſement éxiſte*, l'on ne peut démontrer que l'on y *a eu égard*, & qu'en vain voudroit-on s'appuyer fur *l'accueil du public*, qui ne doit naturellement que s'en rapporter aux promeſſes d'un auteur.

2. Je m'empreſſe avec d'autant plus de confiance de foumettre au jugement de la Compagnie les réflexions qui fe déduifent de la queſtion difcutée dans ce mémoire, que je reconnois avec tous les favans de l'Europe l'utilité qu'on doit retirer de la découverte de la figure de notre globe, pour obtenir une plus grande éxactitude dans les obfervations aftronomiques ; qu'on ne peut fe difpenfer de l'admettre dans les calculs avec

Page 28.

Pag. 5.

---

* De M. Bonne, maître de Mathématiques.

les autres élémens, tels que les perturbations des planètes, leurs attractions réciproques, l'aberration des étoiles, &c. Ce seroit en effet se refuser à l'évidence, si l'on prétendoit que, du peu de différence qui se trouve entre les deux axes de notre sphéroïde applati, de telle petite considération qu'elle puisse paroître dans la géographie, elle ne dût pas influer sur le calcul astronomique, puisque le diamètre de la terre sert de mesure pour déterminer ses distances au soleil & aux planètes, & que ce diamètre n'étant point une grandeur constante, il doit en résulter des différences dans les calculs. L'Univers savant reconnoîtra toujours la gloire que l'Académie a eue de vérifier & de constater dans les voyages au cercle polaire & sous l'équateur, comme dans la mesure géométrique de la France, ce que d'habiles géomètres & physiciens, tant de cette Académie que des pays étrangers avoient prévu par leurs profondes méditations. Mais qui pourroit s'imaginer que cette gloire fût susceptible de quelque accroissement *par le desir ardent* que l'auteur de l'écrit auroit *de voir cette gloire qu'elle a si bien méritée, passer jusques dans la géographie avec le fruit de ses travaux ?* Pag. 28.

3. Pour procéder avec ordre, je ferai voir que, par les hypothèses établies touchant le rapport de l'axe de la terre avec le diamètre de l'équateur, les différences qu'on trouve entre les degrés du méridien, quoique réelles, deviennent, pour ainsi dire, métaphysiques dans l'emploi qu'on voudroit en faire pour la construction des cartes ; que les calculs pour les projections du sphéroïde, fondés sur des formules très-géométriques, sont en pure perte, & que par conséquent les savans géographes qui nous ont précédés, n'ont pas moins mérité du public par leurs ouvrages, avant qu'il fût question de la figure de la terre, comme ceux qui leur succédent ou qui se succéderont ne seront pas plus représ-

henfibles, fi, en reconnoiffant toutefois que la terre eft un fphéroïde applati, ils travaillent comme fi elle étoit fphérique. L'on ne peut contefter la fphéroïdité du globe, *mais nous fommes indécis non-feulement*, dit M. Bouguer, Mém. 1751, pag. 70, *fur le rapport exaɔt des deux axes de la terre, nous difputons fur la nature ou fur le genre des lignes courbes qu'imitent les méridiens; il n'eft point du tout démontré que ces courbes foient elliptiques.*

4. Mais, fuppofons que le rapport exaɔt des deux axes de la terre foit connu, il ne faut pas moins partir d'un principe certain que l'on peut regarder comme un axiome, favoir, qu'il y a autant de diftance entre la théorie & la pratique, qu'entre l'efprit & la main; l'un conçoit ce que l'autre qu'il dirige ne peut éxécuter; celui-ci franchit les efpaces, celle-là fe trouve retenue dans les bornes de la matière. Il eft facile de déterminer par le calcul l'épaiffeur d'une feuille d'or faite avec une once, & qui couvriroit une furface de 146 pieds quarrés; mais comment pouvoir s'en convaincre mécaniquement ? Quel artifte affez induftrieux pour conftruire un inftrument propre à déterminer cette épaiffeur, & en combien de parties faudroit-il divifer & fubdivifer la douzième partie d'une ligne pour la mefurer, puifqu'il y a telle feuille d'or battu qui n'a pas $\frac{1}{30000}$ de ligne d'épaiffeur. L'on calcule, & l'on trace la courbe que doivent avoir les dents d'une roue de montre, comment l'horloger le plus habile pourra-t-il démontrer qu'il a fu réduire dans un efpace de $\frac{1}{3}$ ou $\frac{1}{5}$ de ligne cette courbe felon tous fes élémens ?

5. La nature du cercle eft d'avoir tous fes diamètres, & par conféquent fes rayons égaux; & dans l'ellipfe, qui peut être confidérée comme un cercle allongé, les diamètres ne font égaux que deux à deux; l'on y diftingue deux axes inégaux, & elle fera d'autant moins différente du cercle, que la différence entre la longueur de

Mém. de l'Acad. des Scienc. 1713. p. 201,

ſes deux axes ſera plus petite. L'uniformité dans le cercle, l'égalité de ſes degrés, les rapports conſtans entre les cordes & le diamètre, tous les rapports de ces élémens ſe trouvent dérangés dans l'ellipſe. Il les faut calculer dans celle-ci, au lieu qu'ils ſe préſentent naturellement dans le cercle.

6. Notre globe étant ſuppoſé ſphérique, il faut que les degrés du méridien ſoient égaux entre eux & aux degrés de l'équateur. Mais la phyſique nous apprend que tout corps, qui a un mouvement de rotation ſur ſon axe, eſt ſujet aux influences de la force centrifuge, & que les parties ſituées vers l'équateur ſont ſollicitées à s'éloigner du centre, plus que celles qui ſont vers les extrêmités de l'axe, ce qui rend ce corps applati vers les poles ou plus relevé ſur l'équateur ; mais quand connoîtra-t-on décidément le rapport de l'axe du globe au diamètre de l'équateur ? Huyghens le faiſoit le 577 à 578, & Newton de 229 à 230. Les meſures du degré du méridien priſes ſous le cercle polaire & ſous l'équateur, & les opérations pour dreſſer la carte de la France, ont fait remarquer que les eſpaces terreſtres, qui répondent en latitude à des degrés égaux dans le ciel, ne ſont point égaux entre eux. Delà cette différence que l'on a reconnue dans les degrés de latitude qui vont en croiſſant depuis l'équateur juſqu'au pole. Il faut convenir cependant que les opérations, faites à même latitude dans différens pays, ont donné des réſultats différens. Le degré meſuré en Hongrie ſous le 45e. degré 57', par le P. Lieſganig, a été trouvé de 56881 toiſes, tandis qu'en France il eſt de 57044 ; ce qui donne une différence de 163 toiſes, qui équivaut à 10 ſecondes & environ $\frac{3}{11}$ d'un grand cercle. Au reſte, ce ne ſeroit qu'environ le 350e. d'un degré, comme de la lieue ; de ſorte que ſi l'on ſuppoſoit la lieue d'un pouce, il en réſulteroit $\frac{1}{19}$ de ligne, de même que $\frac{2}{3}$ de ligne ſur la longueur du degré de 20 pouces.

7. L'on a formé quatre hypothèses touchant la valeur
des degrés du méridien, savoir, que les excès de ces
degrés les uns sur les autres sont entre eux, 1°. comme
les quarrés, 2°. comme les cubes, 3°. comme la puissance 3 & demie, & 4°. enfin comme la puissance 4$^e$.
des sinus des latitudes. Il résulte des tables, calculées d'a-
près chacune de ces hypothèses, qu'en supposant 56753
toises pour le premier degré du méridien, 1°. la somme
des excès des 90 degrés les uns sur les autres est de 798
toises dans la première hypothèse; de 871 dans la seconde; de 910 dans la troisième, & de 951 dans la quatrième.

2°. Que le diamètre de l'équateur est à l'axe du globe
dans le rapport de 215 à 214; de 194 à 193; de 187 à
186; & de 181 à 180.

3°. Que l'excès du premier sur le second en toises est
de 30464, de 33805, de 35179 & de 36325, ce qui en
lieues peut s'évaluer depuis 13 jusqu'à 15 lieues, en supposant 57060 toises pour 25 lieues.

Ces mêmes tables * nous font voir que la plus grande
différence d'un degré du méridien au suivant, se trouve
de 14 toises depuis le 39$^e$. jusqu'au 54$^e$. degré dans l'hypothèse des quarrés; de 17 à 18 depuis le 46$^e$. jusqu'au
62$^e$. dans l'hypothèse des cubes; de 19 à 20 depuis le 51$^e$.
jusqu'au 64$^e$. dans l'hypothèse de la puissance 3 $\frac{1}{2}$; &
enfin de 21 à 23 toises dans l'hypothèse de la puissance
quatrième depuis le 54$^e$. jusqu'au 63$^e$. degré. Qu'est-ce
que 23 toises ( car il faut toujours prendre le plus fort
excès ) ou $\frac{1}{2492}$ sur un degré de 57321 toises dans le sphéroïde plus grand de $\frac{1}{216}$ de lieue de 2853 toises, que dans
le globe sphérique; ce qui fait aussi $\frac{1}{2492}$ par lieue. De

------

* J'ai suivi les tables qui sont dans le Manuel de Trigonométrie-pratique
de l'Abbé de la Grive, cité dans l'Astronomie de M. de Lalande.

même que dans le plus grand excès du premier degré
du méridien au 90ᵉ, 951 toifes répondent à un tiers de
lieue de 2853 toifes, & par conféquent à $\frac{1}{170}$ de lieue par
degré.

Je ne puis me difpenfer d'ajouter à ces quatre hypothèfes celle de l'auteur de l'écrit, d'après les données
qui s'y trouvent, pag. 5, où il indique que *la puiffance*
*2, 55 de ces finus* ( de latitude ) *étoit celle qui altéroit le*
*moins les mefures*, & d'après la valeur de la minute de
l'équateur, qu'il fait ( pag. 3, de fon Analyfe de la Méditerranée, ) de 952 toifes $\frac{1}{4}$ ; d'où j'ai conclu le degré
de ce cercle de 57135 toifes, plus grand que celui de
la fphéricité de 75 toifes, & plus petit de 150 toifes que
celui dans l'hypothèfe quarrée ; de 131 toifes dans l'hypothèfe cubique ; de 127 dans l'hypothèfe de la puiffance
3 $\frac{1}{2}$ ; & enfin de 125 dans celle de la puiffance 4ᵉ. J'ai
trouvé auffi pour le degré du 30ᵉ. parallèle 150 toifes
de moins que felon la puiffance 3 $\frac{1}{2}$, de même que celui
du 45ᵉ. de 149 toifes, & la différence entre le degré
de ces deux parallèles la même, à une toife près. Suivant la valeur de 44′ de l'équateur qu'il donne au degré
du 43ᵉ. parallèle, il en réfulte pour le degré du parallèle
à 43ᵈ. 30′. 41501 toifes, quoique felon M. Caffini ce degré
foit déterminé de 41618 toifes, ce qui fait une différence de 117 toifes en moins.

8. Mais fans parler davantage de toutes ces hypo-
thèfes, je m'en tiendrai à celle de la puiffance 3 $\frac{1}{2}$ que
l'on fait être la même chofe que la racine quarrée de
la 7ᵉ. puiffance, & dans laquelle l'axe de la terre eft au
diamètre de l'équateur comme 186 à 187. Les fept
premiers degrés font chacun de 56753 toifes, & croiffent jufqu'à donner 57663 toifes pour le 90ᵉ. degré.

Je fais la fomme de ces 90 nombres, & je trouve
5,140,220 toifes. Le produit de 57060 toifes (pour la
valeur du degré, en fuppofant la terre fphérique, ) par

90 , donne 5,135,400. La différence de ces deux sommes est 4820 toises, qui, réduites en lieues de 20 pour 57060 toises, donnent une lieue $\frac{1934}{1706}$ ou à peu près $\frac{1}{3}$ ; d'où il suit que la circonférence elliptique de la terre par ses poles, est d'environ six lieues deux tiers plus grande que la circonférence circulaire , ce qui donneroit $\frac{1}{1080}$ de différence par lieue , laquelle lieue supposée d'un pouce ou de 144 douzièmes de ligne , il en résulteroit environ $\frac{1}{25}$ d'un point ou $\frac{1}{90}$ d'une ligne; ou $\frac{1}{13}$ de ligne, si l'on supposoit la lieue de douze pouces, & les degrés respectivement égaux dans les deux hypothèses.

9. Il ne sera pas moins intéressant de connoître aussi les rapports qui se trouvent entre les degrés de plusieurs parallèles dans la même hypothèse , & ceux des mêmes parallèles dans la sphéricité ; mais il faut être prévenu que la valeur de ces degrés n'est qu'hypotétique & ne se déduit que de la nature du sphéroïde , & non de mesures prises sur le terrein ; de sorte que dans le sphéroïde allongé le degré d'un parallèle quelconque doit être plus petit que dans la sphéricité , de même qu'il doit être plus long dans le sphéroïde applati. Il auroit été très-important de mesurer , comme l'on a fait pour le méridien , quelques degrés de l'équateur & de plusieurs parallèles, pour pouvoir constater avec plus de précision la quantite réelle que ces degrés doivent avoir.

Je commence par la différence du degré de l'équateur qui est de 202 toises, lesquelles donnent environ $\frac{1}{14}$ de lieue d'excès du degré du sphéroïde sur celui dans le sphérique ; ou 25 lieues de 20 au degré & à peu près $\frac{1}{7}$ d'une circonférence à l'autre ; ou de $\frac{1}{180}$ par lieue sur un degré ; ou de $\frac{1}{13}$ de ligne, en supposant le degré de 20 pouces , & la lieue d'un pouce. Le degré du 20e. parallèle vaut 53839 toises dans le sphé-

roïde ,

roïde & 53619 dans le sphérique; la différence de 220 toises équivaut à $\frac{1}{13}$ de lieue & à la 245$^e$. partie du degré ou à 14 secondes 42$'''$ sur ce parallèle, ce qui fait aussi $\frac{1}{145}$ par lieue, ou environ $\frac{1}{10}$ de ligne, en supposant la lieue de 144 douzièmes de ligne. Le degré du 60$^e$. parallèle vaut 28772 toises dans le sphéroïde, & 28530 dans le sphérique; la différence de 242 toises répond à près de $\frac{1}{12}$ de lieue, à 30 secondes, ou à $\frac{1}{117}$ du degré de ce parallèle ou $\frac{1}{9}$ de ligne par lieue.

Prenons encore le 43$^e$. degré 32$'$ de latitude, dont le degré du parallèle a été trouvé de 41618 toises par M. Cassini de Thury, & qui dans la sphéricité est de 41390. Le premier vaut 14 lieues $\frac{7}{12}$, le second 14 $\frac{6}{12}$; la différence s'évalue à environ $\frac{1}{12}$ de lieue, ce qui fait $\frac{1}{182}$ de ce degré, ou 19$''$. 46$'''$. correspondantes à 1$''$. 18$'''$. horaires, ou $\frac{1}{13}$ de ligne par lieue, en supposant la lieue d'un pouce. Il ne faut pas moins qu'un pareil point d'échelle pour faire sentir une si petite quantité, qui se réduiroit à $\frac{1}{300}$ de ligne, si le degré étoit d'un pouce.

Si l'on veut encore se convaincre plus naturellement de la différence du degré du 20$^e$. parallèle ci-dessus dans les deux hypothèses, l'on peut supposer pour les mêmes nombres de toises des douzièmes de ligne; il résultera pour le premier 31 pieds 1 p. 10 lig. $\frac{7}{12}$, & pour le second 31 pieds 0 p. 4 lig. $\frac{3}{12}$, dont la différence sera 1 p. 6 lig. $\frac{4}{12}$, & par conséquent environ $\frac{1}{8}$ de ligne par lieue : de même qu'en prenant des élémens douze fois plus petits pour un degré, cette différence se réduiroit à $\frac{1}{9}$ de ligne par lieue ou à $\frac{1}{128}$ de ligne par lieue; fraction encore douze fois plus petite, & qui seroit pour un degré de 2 pouces 7 lignes, lequel se trouveroit avoir $\frac{1}{11}$ de ligne de plus que dans la sphéricité; comme $\frac{1}{9}$ de ligne, si le degré étoit d'un pouce. C'est ainsi qu'en réduisant ces quantités à des mesures plus analogues, quand on

B

veut apprécier les difficultés, l'on diminue l'impreſſion
que ces mêmes quantités, repréſentées ſous des élémens
très-petits, & exprimées par de très-grands nombres, ont
coutume de faire d'abord ſur l'imagination.

10. Mais pour rendre ce que je viens de déduire ci-deſſus encore plus ſenſible aux perſonnes qui, n'ayant qu'une
petite teinture de géométrie, ſe laiſſent aiſément ſaiſir
par le merveilleux, ſuppoſons que l'on veuille conſtruire
le chaſſis d'une carte compriſe entre le 48ᵉ. & le 57ᵉ.
degré de latitude, & dont le degré ait 25 pouces de
longueur pour avoir un pouce par lieue commune de
2282 ½ toiſes, & de 25 au degré dans l'hypothèſe ſphérique ; cela formeroit une carte de 18 pieds 9 pouces
de haut, & de plus de 478 pieds quarrés en ſuperficie,
ſa largeur étant de 26 pieds 6 pouces. Je tracerois
dans le milieu une ligne verticale, que je diviſerois en
neuf parties égales, ſi je ſuppoſois la terre ſphérique ;
mais comme il faut plus de préciſion, puiſqu'*une erreur,
de telle petite quantité qu'elle fût, peut avoir, dit-on, des
conſéquences fâcheuſes, enſorte qu'il n'eſt point de raiſons
ſolides qui puiſſent autoriſer à la négliger,* je ſuivrois la table

Pag. 29.

| | Douzièmes de ligne. | Différences. |
|---|---|---|
| de 48 | | |
| à 49 . . . . . 3600 | | |
| 50 . . . . . 3601 ⅛ | . . . . I | ⅛ |
| 51 . . . . 3602 ¼ | . . . I | 1/40 |
| 52 . . . . 3603 ⅓ | . . . I | |
| 53 . . . . 3604 ⅓ | . . . I | |
| 54 . . . . 3605 ¼ | . . . I | 64 |
| 55 . . . . 3607 1/19 | . . . I | 93/95 |
| 56 . . . . 3608 ⅖ | . . . I | |
| 57 . . . . 3609 ⅖ | | |
| 32442 | | |

ci-jointe des degrés de latitudes, suivant l'hypothèse de la puissance 3 & demi des sinus de latitudes, en réduisant les 25 pouces du degré à la plus petite espèce, savoir, en 3600 douzièmes de ligne, dont chacune répond à une seconde, & 144 font une lieue. Prenant donc ces 3600 parties pour l'espace du 48e. au 49e. degré de latitude, je calculerois les quantités proportionnelles qu'il faut assigner aux autres degrés, telles qu'elles se trouvent dans la table ci-jointe.

Je fais la somme de ces neuf degrés, qui est de 32442 douzièmes de ligne, que je compare à celle de 32400 suivant la sphéricité, & la différence sur 18 pieds 9 p. est de 42 douzièmes de ligne, ou 3 lignes $\frac{1}{2}$. Or je laisse à decider si cette différence, distribuée sur 9 degrés, qui donne $\frac{7}{18}$ de ligne, & $\frac{1}{64}$ de ligne par lieue, ce qui fait $\frac{1}{768}$ de lieue ; si, dis-je, cette différence seroit assez importante pour influer sur les distances dans la hauteur de cette carte, selon les deux hypothèses. Je sais que cette évaluation n'est juste, qu'autant que l'on supposeroit égalité de degrés dans le sphéroïde comme dans le sphérique, & que l'on doit comparer degré à degré ; c'est pourquoi la différence du 53e. degré, qui est 4 $\frac{3}{5}$, donne $\frac{1}{783}$ de plus dans le degré du sphéroïde ; de même que la différence du 57e. est 9 $\frac{2}{5}$, & donne $\frac{1}{384}$. Qu'est-ce que $\frac{1}{783}$ & $\frac{1}{384}$ par lieue, laquelle de $\frac{144}{12}$ donne pour celle du premier $\frac{1}{65}$ de ligne, & $\frac{1}{32}$ de ligne pour celle du second ? En vain donc l'auteur de l'écrit cité prétendra-t-il qu'*en supposant 20 lieues marines dans chaque degré de l'équateur, n'y en eût-il qu'une à soustraire dans les six premiers degrés de latitude, on doit la retrancher, & ne point dilater cet arc du méridien* ; puisque soustraire une lieue de ces 6 premiers degrés, qui valent 120 lieues, ce n'est que $\frac{1}{120}$ ; mais il ne s'agit que de $\frac{1}{3}$ de lieue sur 9 degrés ou 180 lieues, ce qui fait $\frac{1}{540}$.

A ce méridien du milieu, je tirerois par ces 9 divi-

Pag. 29.

B ij

fions des perpendiculaires, que je fuppoferois être les développemens des parallèles du fphéroïde, & fur lef-quelles je diftribuerois, en partant de ce milieu à droite & à gauche, les parties proportionnelles aux degrés de longitude. D'abord le calcul me préfenteroit pour le degré du 48e. parallèle, 2425 parties, au lieu de 2409, fuivant la fphéricité, ce qui fait une différence de 16 douzièmes de ligne, ou $\frac{1}{3}$ de lieue, qui, diftribué à 16 lieues $\frac{1}{12}$, valeur de ce degré, donne environ $\frac{1}{141}$ de lieue à ajouter dans la fphéricité, ou 24 fecondes par degré.

11. Suppofons encore que j'euffe voulu décrire ces parallèles, non en lignes droites, mais en les confidérant comme le développement d'un cône tronqué, dont la bafe inférieure fût le 48e. parallèle, & la bafe fupérieure le 57e. ; que le côté de ce cône tronqué fût, non la corde de l'arc du méridien elliptique ou circulaire de 9 degrés de latitude, mais égal à cet arc rectifié, les degrés de ces deux parallèles reftant toujours dans le même rapport que ci-deffus, j'aurois trouvé pour le côté du cône entier, ( en fuppofant 32442 douzièmes de ligne pour cet arc rectifié dans le fphéroïde, & 32400 dans le fphérique) 174716 douzièmes de ligne, ou 191 pieds 1 p. 3 lig. $\frac{8}{12}$ pour le premier, & 173540, ou 100 pieds 5 p. 1 lig. $\frac{8}{12}$ pour le fecond, plus court que le précédent de 1176 douzièmes de ligne, ou 8 pouc. 2 lig. Le rapport de ces deux rayons feroit à peu près de 151 à 150, & la différence de l'angle fur la bafe de ce cône, feroit de 4 minutes, favoir, de 37$^d$. 22'. dans le cône pour le fphéroïde, & de 37$^d$. 18'. dans le cône pour le globe fphérique.

Je conviens que cette différence de 16 douzièmes de ligne, trouvée précédemment dans le N°. 10. en longitude pour le degré du 48e. parallèle, eft beaucoup plus fenfible que celle en latitude, & qu'étant répétée 18 fois, à caufe des 18 degrés de longitude fur ce 48. parallèle, elle produiroit 288 douzièmes de ligne, ou 2 pouces fur 303 pouces ; ce qui feroit deux lieues à répandre fur plus de 303 lieues d'occident en orient, ou $\frac{1}{151}$, c'eſt-à-dire environ $\frac{1}{12}$ de ligne à ajouter par lieue, felon l'hypothèfe du fphéroïde. Mais fi 15 toifes 4 pieds 2 p. 9 lig. fur terre répondent à une feconde de degré dans les obſervations de latitude, & qu'on ne puiſſe pas même *répondre d'une erreur de 4 fecondes* ( qui valent 62 toifes 4 pieds 11 pouces ) *à chaque extrêmité d'un arc du méridien mefuré fur la terre* * , peut-on à plus forte raifon, ces limites fe reculant *jufqu'à 8 fecondes*, qui valent 125 toifes 3 pieds 10 pouces; peut-on, dis-je, être à l'abri de pareille erreur, & même de plus grande, dans la détermination des degrés de longitude, qui ne peut fe faire que par des obfervations correfpondantes ? La longitude de Cadix n'a-t-elle pas varié depuis 8$^d$ 27′. jufqu'à 8$^d$. 34′, ce qui fait 7′. de différence, qui, vers le 36$^e$. parallèle, valent environ 5325 toifes? *Il faut*, comme le remarque M. de Lalande , *de très-grandes diſtances & une très-grande préciſion dans la différence des méridiens pour déterminer l'amplitude des arcs parallèles en minutes & en fecondes avec aſſez d'exaċtitude.* La différence de 24 fecondes dans le degré du 48$^e$. parallèle, trouvée N°. 10, répond à 1″. 36‴. de parties horaires ; ce qui, répété 18 fois pour un arc de 18$^d$, donneroit 28″. 48‴, ou 7′. 12″. horaires : erreur qui eſt prefque la même que celle de la longitude de Cadix, citée ci-deſſus. La feconde de degré fur ce 48$^e$. parallèle vaut

Pag. 5.

Analyfe de la meſ
Méd. p. 2.

---

* L'Auteur n'ignore pas que, *de l'aveu des plus habiles aſtronomes* , on ne peut *répondre d'une obſervation de latitude qu'à* 15 ou 20 *fecondes* , c'eſt-à-dire, entre 235 & 314 toifes ; mais il n'auroit pas dû avancer cette aſſertion, qui ne feroit point favorable à l'emploi de la figure du fphéroïde, puifque, comme on l'a vu N°. 7, la plus grande différence dans les degrés eſt de 23 toifes, qui ne valent que 1″. & 27 à 28‴; de même que celle des premiers degrés au 48$^e$, eſt de 313 toifes, & du 48$^e$. au degré fous le cercle polaire de 359, lefquelles différences ne paſſent point 14 & 15″.

Mém. de l'Acad.
des Scienc. 1733,
p. 294.

dans l'hypothèse sphérique 10 toises 3 pieds 7 pouces 2 lignes $\frac{2}{7}$ *.

12. L'exemple de cette carte de 18 pieds 9 pouces pour 9 degrés de latitude sur 26 pieds 6 pouces en longitude, vaut bien la carte générale de l'Europe de 8 pieds de haut, dont il est fait mention dans l'écrit cité au commencement de ce Mémoire, laquelle doit contenir au moins 37 degrés de latitude depuis le 35e. jusqu'au 72e. parallèle. L'auteur de cet écrit remarque Pag. 16. qu'au moyen d'une *formule générale qui lui appartient* $\mathbf{2}$

---

* Je ne ferai point difficulté d'inférer ici une remarque que j'ai faite depuis la lecture de mon Mémoire. La distance d'un lieu à un autre se prend sur le globe par un arc de grand cercle ; or si ces lieux se trouvent presqu'à la même latitude, la différence entre l'arc du parallèle & celui du grand cercle ou de la circonférence elliptique qui passe par ces lieux, ne sera pas bien sensible, sur-tout si la différence en longitude n'excède pas 5 à 6 degrés. Ainsi je prends la distance de Paris à *Guibraie* & *Granville* à l'occident, & à *Selz* en Alsace à l'orient, qui diffère très-peu de celle de ces lieux à la méridienne de Paris.

*Guibraie* est à 48$^{\mathrm{d}}$. 53' de latitude, & à 2$^{\mathrm{d}}$. 32'. de longitude ; sa distance de Paris est de 95142 toises, selon les opérations trigonométriques de la carte de France. Le calcul donne 625 toises $\frac{71}{76}$ pour 1 minute du parallèle, & 37556 toises pour le degré. La sphéricité donne 37523 ; il résulte une différence en excès de 33 toises pour le sphéroïde.

*Selz*, à même latitude, & dont la longitude orientale est de 5$^{\mathrm{d}}$. 47', a pour distance 217174 toises, qui donnnent 625 toises $\frac{299}{347}$ pour une minute, & 37551 toises pour le degré : la différence en excès sera de 28 toises.

*Granville* est à 48$^{\mathrm{d}}$. 50'. de latitude, & 3$^{\mathrm{d}}$. 57'. de longitude. Sa distance de Paris est de 148412 toises ; ce qui donne pour 1 minute 626 $\frac{50}{237}$, & 37573 toises pour le degré : la différence en excès sur le degré dans la sphéricité est de 13 toises.

Ajoutons encore la distance de *Paris* à *Vienne*, déterminée par M. Cassini, ( Mém. 1763, p. 314. ) de 531 mille toises, *telle précisément*, dit-il, *qu'elle résulteroit de la supposition de la terre sphérique.* Vienne est plus méridionale en latitude que Paris de 39'. La différence en longitude est 14$^{\mathrm{d}}$. 2' ; ce qui procure 37844 toises pour le degré du parallèle moyen, lequel, suivant la sphéroïdité & l'hypothèse de la puissance 3 $\frac{1}{2}$, auroit dû avoir 228 toises, ou $\frac{1}{166}$ de plus, & auroit donné pour la distance 534179 toises.

La différence du degré du parallèle sera donc de $\frac{1}{1138}$, $\frac{1}{1341}$, $\frac{9}{2890}$ & $\frac{1}{166}$ en excès dans le sphéroïde ; ce qui est encore bien plus difficile à faire sentir que celle qui résulte de la valeur de ces degrés, suivant les différentes hypothèses, déterminées dans le N°. 9, & prises d'après la table de la puissance 3 $\frac{1}{2}$.

il réfulte une différence de 159 lignes ou de plus de
13 pouces entre le *rayon du* 70ᵉ. *parallèle trouvé de*
10485 *lignes dans le fphéroïde*, ou de 72 pieds 9 p. 9 lig.
& *de* 10326 *lignes* ou de 71 pieds 8 p. 6 lig. dans *l'hy-*     Pag. 18.
*pothèfe fphérique.* Il faut convenir que c'eft un bien
grand rayon ; mais l'on n'ignore pas les moyens de
trouver les points d'une portion de circonférence de
cercle , dont le rayon feroit trop grand pour pouvoir
être tracée avec le compas à verge. Il fuffit de déterminer trois points, & de fe fervir d'une règle élaftique
indiquée dans l'Aftronomie de M. de Lalande, vol. 3. n°.
3885. J'en avois donné la defcription dans mes Inftitu-
tions géographiques, publiées en 1766 , pag. 309, en
faifant toutefois remarquer que la courbe procurée par
cette règle ne pouvoit pas être circulaire, mais plutôt
parabolique , ou peut-être feroit-elle la même courbe
que la chaînette, qui eft celle qu'une corde tendue forme
par fon propre poids. Quoi qu'il en foit , il ne doit pas
y avoir une différence bien confidérable entre cette
efpèce quelconque de courbe & la circulaire; mais enfin
quand on veut apporter en tout une précifion, pour ainfi
dire , mathématique, l'on ne peut trop faire pour y attein-   Hift. de l'Acad.
dre ; quoique au refte *l'extrême précifion n'a* , comme le  des Scienc. 1713,
dit l'hiftorien de l'Académie , *prefque d'autre ufage que de*  pag. 66.
*contenter l'efprit philofophique.*

    13. Appliquons fur cette carte d'Europe de 8 pieds de
haut les mêmes opérations que pour le chaffis de la carte
propofée N°. 10 , & voyons l'effet fenfible que pourroit y
faire la difpofition des degrés du méridien , felon le fphé- 
roïde. Comme l'échelle en eft beaucoup plus petite, j'adop-
te le confeil de l'auteur de l'écrit, *en embraffant à la fois*   Pag. 15.
*plufieurs degrés* ; ainfi je diftribue les parallèles de 5 en
5 degrés. Je forme donc mon chaffis de huit pieds de
haut ; j'y trace au milieu une ligne verticale que je divife
en fept parties égales , fuivant la fphéricité. Suppofant

les 8 pieds réduits en douzièmes de ligne, le nombre 13825 me donneroit 1975 pour chacune de ces parties égales ; mais je calcule les autres espaces pour le sphéroïde, dont on voit les résultats dans la table ci-jointe.

| de 35 | | Différences. |
|---|---|---|
| à 40 . . . . 1970 | | |
| 45 . . . . 1972 | . . . 3 |
| 50 . . . . 1975 | . . . 3 |
| 55 . . . . 1979 | . . . 3 |
| 60 . . . . 1982 | . . . 3 |
| 65 . . . . 1986 | . . . 3 |
| 70 . . . . 1988 | . . . 3 |
| 13853 | | |

La comparaison de la somme 13853 avec celle de 13825 parties supposées dans la sphéricité égales entre elles, fait voir qu'il n'y a que 28 douzièmes de ligne, ou 2 lig. 4 douzièmes d'excès ou de différence, que j'ajoute à la hauteur de la carte, ce qui fait $\frac{1}{496}$ de plus. Ces 28 douzièmes de ligne, distribués à 35 degrés de latitude donneroient $\frac{1}{15}$ de ligne par degré, si ces degrés étoient égaux ; mais il est à observer que pour l'espace de 35 à 40, le degré est plus petit dans le sphéroïde de $\frac{1}{12}$ de ligne, comme de $\frac{1}{20}$ de ligne dans l'espace de 40 à 45 ; dans celui de 45 à 50 la différence est nulle, & elle va en croissant pour le sphéroïde, dans l'espace de 50 à 55 de $\frac{1}{15}$ de ligne par degré ; de 55 à 60 de près de $\frac{1}{9}$ ; de 60 à 65 de presque $\frac{1}{5}$ ; & enfin dans celui-ci de 65 à 70 de moins de $\frac{1}{4}$ de ligne ; ce qui feroit par lieue de 20 au degré $\frac{1}{300}$ & $\frac{1}{400}$ de ligne en moins pour les espaces de 35 à 40, & de 40 à 45 ; mais en plus de $\frac{1}{300}$, de $\frac{1}{180}$, & de $\frac{1}{100}$, & de $\frac{1}{80}$ de ligne pour les espaces de 50 à 55, de 55 à 60, & de 60 à 65, & de 65 à 70, ou en prenant les proportionnelles en

moins

moins $\frac{1}{171}$ de ligne, & en plus pour les 4 autres efpaces $\frac{1}{113}$ de ligne. Quelle *conféquence fâcheufe* peut donc occafionner une fi petite différence, fi on la néglige ? Com-
ment l'auteur de l'écrit a-t-il pu être furpris de trouver *deux lignes fur 5 degrés vers le haut de la carte, quantité qui ne feroit pas, dit-il, infenfible avec la fauffe équerre d'un maçon ?* J'ai fuivi fon calcul, (page 18), & la différence 0,00207 ligne que j'ai trouvée entre 0,53001,
( non 0,530015 , ce qui eft une faute fûrement d'impreffion ), valeur de la minute *n* dans le fphérique ,
& 0,53208 valeur dans le fphéroïde, cette différence
ou $\frac{107}{100000}$ fe réduit à $\frac{1}{483}$ de ligne de plus dans le fphéroïde, ce qui, repété 300 fois pour 5 degrés réduits
en minutes, donne $\frac{300}{483}$ ou entre $\frac{4}{6}$ & $\frac{4}{7}$ de ligne, au lieu de
2 lignes, ce qui donne près $\frac{1}{8}$ de ligne par degré, & $\frac{1}{160}$ de
ligne par lieue. Si l'on compare l'efpace du 35e au 40e.
degré de 1975 dans le fphérique à celui de 65 à 70 de
1989, l'on trouve prefque $\frac{1}{4}$ de ligne par degré fur ce chaffis
de carte de plus que dans le fphérique; ce qui don-
neroit $\frac{1}{80}$ de ligne à ajouter par lieue.

Il faut obferver que l'auteur dans fa remarque compare
le 35e. degré au 70e. dans le fphéroïde feulement; au lieu
que fon adverfaire, fans parler de la différence des degrés
dans les deux hypothèfes, dit que celle *dans la courbure des méridiens & des parallèles, & dans la pofition des lieux placés fuivant les deux hypothèfes, aux mêmes latitudes & longitudes, s'eft trouvée tout-à-fait infenfible au compas.*
Pour la différence de courbure, j'en parle au n°. 14. Quant
à la pofition des lieux, la différence n'eft que de $\frac{1}{141}$
en moins dans l'hypothèfe fphérique. Mais l'on fait que
la propriété de la projection ftéréographique eft d'a-
grandir les objets ou leur diftance réciproque à mefure
qu'ils s'écartent du centre de la projection, dans le fens
de la longitude & de latitude. Or, comme cela arrive
dans l'hypothèfe de la fphéricité, à plus forte raifon dans

C

Pag. 16.

celle du fphéroïde où les degrés augmentent toujours en allant vers le pole, comme on le voit dans la table ( pag. 16.), avec des différences qui font, fans erreur fenfi-ble, de 2 à 4 douziemes de ligne.

Quant aux degrés de longitude fur les parallèles, j'en mets ici les deux tables comparatives de 5 en 5 en douziè-

|  | Sphéricité. | Sphéroïdité. |  | Différence. |
|---|---|---|---|---|
| 35$^e$. | 1617 | 1622 | $\frac{1}{2}$ | 5 |
| 40 | 1513 | 1516 | $\frac{5}{19}$ | 3 |
| 45 | 1396 | 1400 | $\frac{12}{19}$ | 4 |
| 50 | 1269 | 1274 | $\frac{4}{19}$ | 5 |
| 55 | 1132 | 1137 | $\frac{15}{19}$ | 5 |
| 60 | 987 | 992 | $\frac{7}{19}$ | 5 |
| 65 | 834 | 839 | $\frac{4}{19}$ | 5 |
| 70 | 675 | 679 | $\frac{14}{19}$ | 4 |

mes de ligne avec leurs différences qui font voir que fur 5 degrés, en prenant la plus forte, telle que pour le 35$^e$ $\frac{1}{324}$, pour le 50$^e$ $\frac{1}{150}$, pour le 55$^e$ $\frac{1}{127}$, pour le 60$^e$ $\frac{1}{98}$, & pour le 65$^e$ $\frac{1}{168}$; quand ce calcul, au lieu de n'être fondé que fur une hypothèfe, feroit exactement certain, il n'en ré-fulteroit pas un défaut de précifion qu'on pût aifément eftimer. Je fuis même perfuadé que deux cartes d'Eu-rope de même grandeur, conftruites fur les deux hypo-thèfes, la même ouverture de compas ferviroit à mefu-rer la diftance de deux lieux propofés, fans s'apperce-voir de la moindre différence. En effet, puifque ces dif-férences ne pourroient fe trouver dans le fens de la latitude que de $\frac{1}{133}$, & qu'elles doivent être proportionnelles fur la valeur du degré, & même fur la lieue; cette lieue eftimée de $\frac{20}{12}$ de ligne, il faudroit y avoir égard en plus ou en moins de ce $\frac{1}{133}$, ce qui donneroit $\frac{1}{141}$ de ligne.

Il en fera de même dans le fens de la longitude, fi l'on veut fur le 50°. parallèle, dont la différence eft de $\frac{1}{12}$ de ligne, ou le $\frac{1}{255}$ pour 5 degrés en plus dans le fphéroïdité par rapport à la fphéricité. La lieue fuppofée toujours de $\frac{10}{12}$ de ligne, qu'en fera donc la 255°. partie, finon $\frac{1}{153}$ de ligne en plus ou en moins fur la lieue?

14. Ne pourroit-on pas juger, par ce qu'il vient d'être démontré, du peu d'égard que doit mériter cette différence de 159 lignes, N°. 12, fur la longueur du rayon projetté du 70°. parallèle, au fujet de laquelle l'auteur de l'écrit demande, *fi la diverfité de courbure dans les deux hypothèfes eft tout-à-fait infenfible au compas* ? Il s'agit ici de l'expérience. Suppofons les deux arcs tracés avec les deux rayons de 10485 & 10326 lignes, fe touchant en un point, & dont l'excentricité foit de 159 lignes. Sur le rayon commun & au point de contingence, élevons-y une perpendiculaire, fur laquelle nous porterons 375 $\frac{7}{9}$ & 375 ligne $\frac{2}{12}$, valeurs des deux tangentes, dont la différence eft $\frac{1}{12}$ de ligne. A l'extrêmité de chacune de ces tangentes, tirons une ligne parallèle au rayon, & portons-y 7 lignes $\frac{2}{3}$ & 7 lignes pour le finus verfe du petit & du grand arc. Cette différence $\frac{2}{3}$ de ligne indique le plus grand écart poffible entre ces deux arcs. Si l'on traçoit la corde de chaque arc, elles renfermeroient un efpace angulaire pour les différens écarts duquel, en diftribuant la longueur en 25 parties égales, chacune auroit une fraction de la ligne divifée en 75 parties, & dont les numérateurs formeroient une progreffion arithmétique depuis 2 jufqu'à 50.; ces écarts étant bien petits, le feront pour le moins autant dans la longueur de l'angle curviligne. Deux arcs de 2 pieds 7 pouces 2 lignes d'amplitude fe touchent à une de leurs extrêmités, & s'écartent à l'autre de $\frac{2}{3}$ de ligne : où eft donc cette fenfibilité dans la différence de courbure ? Au refte, comme cet auteur exige toujours de la précifion, il

Pag. 18.

C ij

auroit dû remarquer que dans la projection d'un sphéroïde quelconque, hormis le plan de l'équateur fur lequel les parallèles fe projettent en cercles, ils doivent
fe projetter en ellipfes, comme il eft démontré dans la note
du N°. 21, fur tout autre plan perpendiculaire ou oblique à l'équateur.

15. Il ne fera peut-être pas inutile d'étudier à apprécier l'influence que peut occafionner dans la projection
cette différence en excès de 13 pouces $\frac{1}{4}$, ou 159 lignes
du rayon de 10485 lignes, felon le fphéroïde, au rayon de
10326 fuivant la fphéricité du globe, puifqu'elle eft environ la 66$^e$. partie du premier. L'on ne doit pas toujours
confidérer un nombre feulement pour lui-même, mais
par rapport à la grandeur dont il peut dépendre. Rien
n'approche plus d'un cercle qu'une ellipfe, dont les
deux axes feroient de 12001 & de 12000 lignes. Dans
le cercle, les deux foyers ne feroient qu'un point; & dans
l'ellipfe, la diftance s'y trouve de 77 lignes ou 6 pouces 5 lignes, quoique la différence entre le plus grand
& le plus petit rayon de courbure ne foit que de 3 lignes.
Pourquoi donc tant fe frapper de *cette diverfité de courbure* ? il faut en rechercher l'influence.

J'ai cherché la valeur du degré dans chacune de ces
courbes fuppofées circulaires, tracées par ces deux rayons,
& j'ai trouvé que le degré du premier contenoit 183 lig.
$\frac{5}{72}$, & celui du fecond 180 lignes $\frac{20}{72}$ ; ce qui donne deux
lignes $\frac{19}{24}$ de différence. Mais au lieu d'un degré de chacune de ces valeurs, il ne s'agit que d'un efpace que
nous pouvons eftimer de 10 lignes pour un degré projetté
du 75$^e$. parallèle ; ainfi fuppofons qu'il faille diftribuer fur
ce parallèle 75 degrés de longitude, & que ces degrés
foient égaux entre eux, (ce qui n'eft pas à caufe de la
projection) il réfultera qu'en fuppofant 750 lignes pour
ce arc décrit par le grand rayon de 10485 lignes, celui
que l'on décriroit avec le petit rayon de 10326 lignes,

feroit de 739 lignes ; ce qui feroit 11 lignes de différence pour 75 degrés. Cette différence, diftribuée de 5 en 5 degrés, donneroit $\frac{11}{15}$ de ligne, comme elle donneroit $\frac{11}{75}$ de ligne de degré en degré. Mais ce rayon de courbure, qui dans l'hypothèfe fphérique eft une grandeur conf- tante pour un parallèle, ne l'eft point, ou ne doit pas être confidérée comme telle, dans l'hypothèfe du fphé- roïde, puifqu'il eft égal au cube du demi-diamêtre con- jugué, divifé par le produit des deux demi-axes ; ou que ces rayons font entre eux comme les cubes des demi-dia- mêtres conjugués. L'agrandiffement des degrés de lon- gitude fur ce parallèle, en partant du méridien du mi- lieu, ne doit pas dans la projection obferver la même proportion dans l'une & l'autre hypothèfe. Il réfulteroit toujours des différences qui pourroient s'exprimer par nombres, & qui feroient des quantités réelles & exiftan- tes, mais impalpables. Au refte, il s'agit de tracer ce parallèle, qui a 72 pieds 9 pouces 9 lignes de rayon dans le fphéroïde, ou de 13 pouces 3 lignes de moins dans la fphéricité, & déterminer la corde qui foutend cet arc de 75 degrés, de même que les ordonnées cor- refpondantes, pour joindre leurs extrêmités par le petites lignes qui compofent cet arc elliptique ou circulaire.

16. Mais à quoi bon d'employer pour des cartes par- ticulieres la projection ftéréographique ? le géographe ne doit l'admettre que pour les mappe-mondes, qui donnent l'enfemble de toutes les parties de la furface de notre globe. Il eft impoffible d'y appliquer d'échelles conimu- nes, telles qu'on les emploie dans les développemens pareils à célui de la carte de 18 pieds 9 pouc. de haut, N°. 10 ; car les efpaces des objets, vus d'un point quel- conque, & projettés ftéréographiquement, fe dilatent, comme je l'ai fait obferver N°. 13, à mefure qu'ils s'é- cartent du rayon vifuel central, qui tombe perpendicu- lairement fur le milieu de la furface que l'on veut pro-

jetter. Ainfi il doit arriver le même défaut dans la carte
de l'Europe, citée N°. 12, dans laquelle les degrés du
méridien du milieu, fuppofés égaux dans la fphéricité,
s'agrandiffent également au-deffus & au-deffous du parallèle moyen, qui coupe le méridien du milieu au point
qui eft le zénith de l'horizon ; d'où il s'enfuit que dans
le fphéroïde, ces degrés, qui croiffent toujours dans le
fens de la latitude, ceux qui feront au-deffus de ce parallèle moyen s'agrandiront plus à proportion que ceux
qui feront au-deffous.

17. Il eft donc évident que le développement d'une
portion quelconque de la furface de notre globe eft fuf-
ceptible d'une plus grande précifion, comme je l'ai fait
voir dans la conftruction du chaffis, N°. 10, puifque
les parallèles peuvent être circulaires ou rectilignes, gar-
der entre eux les diftances requifes felon la fphéricité ou
la fphéroïdité du globe, & que l'on peut diftribuer dans
l'une & l'autre hypothèfe fur chacun des parallèles les
degrés de longitude fuivant leur propre valeur. L'on
pourroit même, fi l'on portoit l'éxactitude jufqu'à dreffer
la carte fur le cuivre, calculer le rétréciffement du papier, qui fèche après être forti de la preffe, rétréciffement que l'on a remarqué être de $\frac{1}{72}$ dans fa longueur,
pour forcer d'autant dans le fens des longitudes les valeurs proportionnelles que l'on devroit ajouter à celle
des degrés. J'ai calculé que ce rétréciffement ( s'il n'étoit
point variable ) fur la feuille de grand aigle, qui a environ 3 pieds de longueur, donne $\frac{1}{2}$ de ligne par pouce.
Il ne fuffit pas encore d'avoir calculé les rayons des parallèles, il faut de plus déterminer les points par lefquels
doivent paffer les méridiens pour les traces en courbes
ellyptiques.

18. D'après ces obfervations, faudroit-il donc impu-
ter à nos géographes de l'indifférence pour l'applatiffement, *parce qu'ils n'en ont pas tenu aucun compte, jufqu'à*

ce jour dans leurs cartes ? Comment peut-on avancer qu'entre les différentes études du géographe, celle des pro-jections, qui est une des plus faciles pour ceux qui ont les connoissances mathématiques nécessaires, soit la plus négligée, & que c'est-là vraisemblablement une des raisons qui ont jusqu'ici éloigné les géographes d'avoir égard à l'applatisse-ment de la terre ?

Pag. 27.

Qui sait projetter un corps sphérique, n'hésitera point à projetter un sphéroïde quelconque, si la précision l'é-xige. L'on n'a jamais reproché à Guillaume Delisle de n'avoir pas apporté assez d'éxactitude dans ses ouvrages, & d'ignorer les regles des projections, quoiqu'il n'en ait point fait usage dans son hémisphère du monde ancien. Il a divisé l'équateur & le méridien du milieu en par-ties égales ; les méridiens y sont tracés par des portions de circonférences de cercle qui passent par les deux po-les, & par ces divisions de l'équateur, de même que les parallèles passent par les divisions égales du méridien du milieu, & par les degrés correspondans du cercle qui termine cet hémisphère. Le savant géographe, qui rem-plit actuellement dans cette Académie une place que ses talens & ses lumières lui avoient méritée depuis long-temps, aura sans doute trop bien connu le prix du temps pour avoir voulu employer le calcul qu'auroit éxigé le système qu'il a adopté de la terre allongée par ses poles ; système *selon lequel il ne s'agit pas moins*, dit son auteur, *que d'ôter trois cens lieues marines, & peüt-être plus à la circonférence de la terre sur l'équateur, ce qui n'est point indiqué autrement que par la géographie & par la mesure positive des espaces de longitude sur différens parallèles.* Ce sphéroïde allongé se trouve exprimé sur sa mappe-monde en deux hémisphères publiés en 1761, sous le rapport du diamêtre de l'équateur à l'axe de la terre, autant que j'en ai pu juger, de 264 à 270, ou de 44 à 45. Ces hémisphères auroient pu être représentés sous la forme d'une ellipfe, dont la diftance des deux foyers auroit été de 4 pouces 8 lignes, au lieu d'être renfermés chacun dans deux fegmens de cercle, dont la fleche, fur la corde qui leur eft commune & qui fert de méridien du milieu, eft plus courte que cette demi-corde ou demi-axe dans le rapport indiqué ci-deffus.

19. Mais, dira-t-on, c'eft dans la conftruction des cartes marines que la fphéroïdité de la terre fe fait plus reffentir. Cela eft vrai dans le calcul, & l'on eft bien à plaindre que la main ne puiffe pas fe prêter pour l'exprimer affez fenfiblement avec la regle & le compas. La preuve s'en tirera de *la carte de la mer méditerranée* d'une feuille, publiée en 1763, & dans laquelle l'auteur *fait entrer pour la première fois cet applatiffement* de la terre.

Analyfe de la carte, p. 3.

Je prends fur les latitudes croiffantes de cette carte avec un compas à verge l'efpace renfermé entre le 30e. & le 45e. degré de latitude ; je le porte fur la graduation des longitudes, de laquelle il remplit l'efpace de 19 degrés de l'équateur, qui valent 1140 minutes, quoique la table inférée dans le mémoire de l'auteur, fuivant le fphéroïde, indique 1135 minutes $\frac{9}{10}$, qui valent 18$^d$. 55'. 54", ce qui fait une erreur en excès de 4'. 6". ou de 3899 toifes. Suivant le calcul dans la fphéricité, il auroit donné 1144 minutes, ce qui feroit 9'. 54". de différence en excès fur la totalité, d'après le calcul du fphéroïde, ou $\frac{1}{124}$ par degrés & par lieues. Suppofant le degré de l'équateur de 20 pouces ou de 2880 douzièmes de ligne, la carte auroit, felon l'hypothèfe fphérique, 129600 douzièmes de ligne ou 75 pieds de long, & felon l'hypothèfe du fphéroïde, 128743 douzièmes ou 74 pieds 6 pouces 7 douzièmes de ligne. La différence eft de 857 douzièmes de ligne, ou de 5 pouces 11 lig. $\frac{1}{12}$. Ces 857 douzièmes de ligne, diftribués à 45 degrés, font $\frac{19}{12}$ de ligne, lefquels diftribués encore à 20 lieues, donnent $\frac{1}{12}$ de ligne. Le degré de longitude fur la carte de l'auteur vaut 6 lignes

gnes $\frac{1}{3}$, ou 76 douziemes de ligne. La différence par
degré feroit de $\frac{1}{14}$ de ligne, & par conféquent de $\frac{1}{180}$ de
ligne par lieue. A quoi donc fe réduit l'erreur ? Il ne s'agit
point ici de *retrancher témérairement* 200 toifes, ou d'*ajouter* Pag. 22. de l'écrit
*audacieufement* 320 toifes ; ces erreurs monftrueufes en cité.
plus ou en moins, diminuent confidérablement quand
on les rapporte aux minutes ou aux fecondes de degré ;
les premieres donnent en moins $\frac{1}{187}$ par degré, comme les
fecondes donnent en plus $\frac{1}{178}$. Qui pourra jamais s'apper-
cevoir d'une *diminution* ou d'une *augmentation de 37 toifes,*
qui valent $\frac{1}{1342}$ d'un degré, & $\frac{1}{129}$ de ligne par lieue de
12 lignes ? *Voudroit-on*, dit l'auteur, pag. 6. en citant
M. Murdoch, *naviger fur une carte dont la longueur auroit*
*peut-être un pouce de trop, proportionnellement à fa largeur ?*
Mais quelle eft cette carte qui auroit *peut-être un pouce*
*de trop* ? Elle n'éxigeroit pas moins qu'une longueur de
12 pieds 11 pouces, qui procureroit $\frac{1}{18}$ de ligne en excès par degré, & par conféquent $\frac{1}{72}$ de ligne par lieue.
A quoi donc peuvent fe réduire *les erreurs*, auxquelles les
projeétions de nos cartes font fujettes ? Quelles font donc
*les bornes les plus étroites* dans lefquelles nous devons tou- Analyfe, pag. 1;
jours les *refferrer* ? Il ne faut pas moins que forcer des mo-
dèles de cartes, tels que de 2880 & de 493 douzièmes
de ligne au degré, pour trouver dans le degré du pre-
mier $\frac{12}{13}$ de ligne de différence, & $\frac{1}{12}$ de ligne par lieue,
comme dans le fecond $\frac{1}{18}$ de ligne par degré, & $\frac{1}{72}$ de
ligne par lieue. Il eft conftant que tel petit que foit le
point d'une carte, il doit éxifter des différences fufcep-
tibles d'être exprimées en nombres ; mais pourra-t-on les
faire fentir au compas ? L'on peut calculer *les angles que*
*le méridien forme avec la route qu'on doit tenir en mer fur le* Pag. 29.
*fphéroïde & fur la fphère ; cette inégalité des degrés*, dit-on,
*ne tireroit pas tant à conféquence*, quoique *ces angles font*
*de différentes valeurs.* Mais comment & pourquoi *peut-il y*
*avoir une grande différence tant entre le chemin du vaiffeau*

D

*qui fait voile fur la fphère, & celui qui navigue fur le fphé-*
*roïde, que dans le rumb en ligne droite entre l'un & l'autre*
*de ces lieux ?* Ce feroit à l'auteur à le faire fentir, non à
l'efprit, mais aux yeux, par le fecours du compas ; puifqu'il *ne s'agit dans les deux hypothèfes que d'exprimer par*
*lignes un rapport donné par nombres.*

   20. Je m'abftiendrai d'entrer dans l'éxamen des ouvrages géographiques, où l'auteur auroit pu faire fentir plus facilement que dans fa carte de la Méditerranée
l'applatiffement de la terre ; mon intention n'eft point de
critiquer, & ce feroit m'écarter du fujet que je me fuis
propofé ; je ne cherche qu'à m'éclairer. Un autre objet
qui m'y fait rentrer, & qui m'a paru plus intéreffant,
va terminer ce mémoire. C'eft un effai de projection
du fphéroïde pour lequel je conferve toujours le rapport
des deux axes de l'ellipfe qui le coupe par les poles de
187 à 186, ou de 6561741 à 6526562 en toifes, la différence qui fe trouve entre ces deux axes étant de 35179.
équivaut à peu près à 15 lieues ½ de 25 au degré de moins
fur l'axe qui paffe par les poles.

   Il fera aifé de juger qu'il n'y a point dans la projection du fphéroïde de difficultés capables de détourner
le géographe d'en faire ufage, puifque tout peut s'y
ramener aux connoiffances de la géométrie ordinaire,
mais que ce n'eft que le peu de différence des deux axes
qui lui aura paru ne point mériter la peine de confumer
un temps confidérable à compofer des calculs dont les
réfultats font infenfibles dans l'emploi qu'il voudroit en
faire.

   21. Suppofant donc l'ellipfe régulière, & ayant calculé la diftance des deux foyers, je la trouve de 19
lignes en prenant le rapport de 187 à 186 pour des
lignes, & l'ayant même réduit en douzièmes de ligne.
Je fuppofe encore que l'on ait à tracer cet ellipfe pour
un globe de 6 pieds de diamêtre réduits en lignes, felon

le même rapport, c'eſt-à-dire, de 864 à 859, la diſtance du centre aux foyers ſe trouvera de 3 pouces 10 lignes, ce qui fait à peu près la 19ᵉ. partie du grand axe. Il ne s'agit que de déterminer tous les points de cette ellipſe dont la révolution ſur le petit axe donne la figure du ſphéroïde. Il n'y aura point de difficulté pour trouver les analogies qui entrent dans la projeċtion de ce globe, ſoit ſur le plan de l'équateur, ſoit ſur celui d'un méridien; mais il n'en ſera pas de même pour un horizon quelconque.

1°. Les rayons des parallèles que l'on connoît par le moyen de la valeur de leurs degrés, ſe projetteront ſur l'équateur, l'œil étant placé à un des poles, en diſant : *la grande abciſe* $2b - x$ *du petit axe*, ou *la ſomme* $b + x$ *du petit demi-axe & de la diſtance du parallèle à l'équateur, eſt au petit demi-axe* $b$, *comme le rayon* $y$ *du parallèle à projetter eſt à un quatrième terme, qui eſt le rayon projetté*; c'eſt-à-dire $b + x : b :: y : \dfrac{b\,y}{b + x}$. Les méridiens ſe projetteront par les rayons mêmes de l'équateur, qui en ſont les communes ſeċtions. Cette diſtance du parallèle à l'équateur, qui dans la ſphéricité eſt le ſinus de la latitude, devient dans le ſphéroïde applati une ordonnée au grand axe ou diamêtre de l'équateur, & ſe détermine en diſant : *le quarré du grand demi-axe* $a$ *eſt au quarré du petit demi-axe* $b$, *comme le produit des deux abciſes du grand axe* $\overline{a + y} \times \overline{a - y}$ *eſt au quarré de cette ordonnée*; ou $a^2 : b^2 :: a^2 - y^2 : \dfrac{a^2 b^2 - b^2 y^2}{a^2} = b^2 - \dfrac{b^2}{a^2} y^2$. La valeur de cette ordonnée ſera la racine quarrée de ce 4ᵉ. terme $= \sqrt{\dfrac{b^2 - b^2 y^2}{a^2}}$.

2°. Pour le globe coupé par le méridien elliptique, l'œil étant dans le grand axe qui eſt dans le plan & le diamêtre de l'équateur, les diſtances projettées des parallèles à l'équateur fur le méridien du milieu, fe détermineront en difant : *la grande abcife où la fomme du grand demi-axe & du rayon du parallèle* ( a $+$ y ), *eft à la diftance de ce parallèle au grand axe*, ( laquelle diftance devient ordonnée $\chi$ à ce grand axe ) *comme le grand demi-axe* a *eft à un quatrieme terme*, qui feroit $\frac{a\chi}{a+y}$, diftance requife entre le centre de l'hémifphère & ce parallèle à projetter. Mais comme ces parallèles doivent fe projetter par des portions d'ellipfes *, il s'agit d'en trouver les axes : en difant, *la différence* (a $-$ y) *du grand demi-axe au rayon* (y) *du parallèle, eft à la diftance* (z) $= \sqrt{b^2 - \frac{b^2 y^2}{a^2}}$ *de ce parallèle à ce grand axe, comme ce grand demi-axe* ( a ) *eft à un* 4ᵉ. *terme* $\frac{az}{a-y}$ ; duquel, ôtant la diftance $\frac{a\chi}{a+y}$, trouvée ci-deffus, du centre au parallèle, le refte $\frac{2\,a\,y\,\chi}{a^2-y^2}$ fera le petit axe de l'ellipfe qui projette ce parallèle. Suppofons cette quantité $\frac{2\,a\,y\,\chi}{a^2-y^2} = 2\beta$ ; l'on aura le grand axe, en difant, *le produit des* 2 *abcifes du petit axe de cette ellipfe*, (la petite abcife eft $\frac{y\chi}{a+y}$, que je fais égale à $\chi$) $\overline{2\beta - \chi} \times \chi$, ou

---

* La fection par l'axe du cône de rayons vifuels d'un parallèle, eft compofée 1°. d'un rayon vifuel A C, ( ces lettres ne fervent qu'à fixer l'imagination ) qui eft la corde du méridien elliptique compris entre le parallèle & l'équateur ; 2°. d'un fecond rayon vifuel A B, qui aboutit à l'autre extrémité du diamètre de ce parallèle, dont le cercle fait la bafe du cône ; ce qui donne un triangle par l'axe indiqué A C B.

Le rayon vifuel A B coupe l'axe du globe en un point E, & l'autre rayon A C prolongé rencontre cet axe prolongé en un point F ; le triangle par l'axe feroit A E F. Si ce cône étoit coupé anti-parallélement par le plan du méridien, l'on auroit A C : B C :: A E : E F ; mais en appliquant les quantités analytiques, l'on ne trouve point d'égalité entre le produit des extrêmes & le produit des moyens : donc le parallèle, qui eft un cercle, doit fe projetter en ellipfe.

$2\beta\chi - \chi^2$ *est au quarré* y y *de son ordonnée*, qui est le rayon du parallèle, *comme le quarré* $\beta^2$ *du petit demi-axe de cette ellipse, est au quarré du grand demi-axe* $\dfrac{\beta^2\ y^2}{2\beta\chi - \chi^2}$, dont la racine quarrée sera le grand demi-axe.

3°. Les méridiens du globe, qui de leur nature sont elliptiques, ne pourront être projettés que par des portions d'ellipses dont les grands axes seront dans le plan de l'équateur, & dont l'axe du globe sera pour chacune une double ordonnée commune ; ainsi il s'agit de trouver leur demi grand axe, en disant : 1°. *La somme du grand demi-axe du sphéroïde*, ou rayon de l'équateur, & *du sinus de l'angle fait par le méridien à projetter & le plan de projection, est au co-sinus de cet angle, comme le grand demi-axe du sphéroïde est à un quatrième terme*, qui donne la distance du centre de l'hémisphère au point projetté du méridien, par lequel & par les deux poles il faut faire passer une portion d'ellipse, dont cette distance fait partie de son grand axe. 2°. Pour trouver l'autre partie de ce grand axe, il faut dire : *la différence du grand demi-axe* ou *rayon de l'équateur au sinus de l'angle que le méridien à projetter fait avec le plan de projection*, ou bien *le co-sinus verse de cet angle est au co-sinus de cet angle, comme ce grand demi-axe* ou *rayon de l'équateur est à un quatrième terme*, qui, ajouté à la partie trouvée ci-dessus, donne le grand axe de l'ellipse à tracer.

24. Quant à la projection du globe pour un horizon quelconque, il est à remarquer que le principal rayon visuel qui joint le zénith & le nadir en passant par le centre du globe, seroit incliné au plan de projection parallèle à l'horizon. Les rayons visuels qui projetteroient les parallèles formeroient aussi des cônes qui étant tous coupés par le plan de projection obliquement & non anti parallèlement à leurs bases, procureroient pour les sections de ces cônes des ellipses dont les grands axes

feroient perpendiculaires au méridien du milieu de l'hémifphère, & les petits axes fe trouveroient fur ce méridien même, ou fur l'axe prolongé du globe. D'où l'on
voit que la remarque faite au fujet de la projection de
la carte d'Europe, citée N°. 12, eft fondée, favoir, que
le 70 parallèle, comme les autres, ne doit pas être circulaire dans le fphéroïde comme dans le globe fphérique, mais elliptique, & que le rayon indiqué de 10485
lignes ne pourroit être que la diftance du centre de cette
ellipfe au point du parallèle projetté fur le méridien ou
le petit demi-axe, le grand demi-axe devant être dans
le plan de l'horizon & perpendiculaire à ce méridien.

Mais ce rayon ne feroit-il pas plutôt le rayon de courbure, qui pour-lors feroit le plus grand de tous; celui
qui répondroit à l'arc qui paffe par le grand axe étant
le plus petit; puifque N°. 15. pour le petit axe $b$, $r =$
$\frac{a^2}{b}$, & pour le grand axe $a$, $r = \frac{b^2}{a}$, limites des rayons de
courbure dans l'ellipfe ? Je fais cette obfervation, parce
que l'auteur (pag. 16.) dit que *les rayons de courbure font
bien différens* dans le fphéroïde, *de ce qu'ils feroient en fuppofant* la terre *fphérique*. J'ai trouvé que pour une ellipfe
dont les axes font dans le rapport de 186 à 187, le rayon
de courbure pour le petit axe eft de $94\frac{1}{4}$, & pour le
grand axe de $92\frac{1}{2}$. La différence $1\frac{3}{4}$ eft la fomme des
excès de ces rayons, qui font croître les degrés du quart
de l'ellipfe dans le rapport de leur longueur.

Pour tracer l'arc elliptique qui projette un parallèle,
il faut déterminer le grand axe de cette ellipfe; or l'on
connoît le petit demi-axe, l'abcife, & l'ordonnée au petit axe ou la moitié de la corde qui doit foutendre l'arc
elliptique; ainfi l'on dira : *le produit des deux abcifes du
petit axe eft au quarré de cette ordonnée*, ou demi-corde de
l'arc à projetter, comme *le quarré du petit demi-axe de l'ellipfe, eft au quarré du grand demi-axe*, dont la racine donnera

la longueur , & lequel divifé par le petit demi-axe donnera le rayon de courbure du petit axe, qui coupe le méridien du milieu de la carte.

25. Il n'y a que les fituations fous l'équateur & fous les
poles, dans lefquelles la ligne qui, joignant le zénith
& le nadir, paffe par le centre , feroit perpendiculaire
à l'horizon. Dans toute autre fituation , quoique tout
diamêtre coupe une ellipfe en deux parties égales , la
partie du méridien ou de la demi-ellipfe, comprife entre
l'horizon & le zénith en paffant par le pole eft plus grande
que l'autre partie comprife entre le zénith & l'horizon ; la
verticale qui tombe du zénith fur le diamêtre de l'horizon
fe trouve éloignée du centre d'un côté, de même que la
verticale du nadir s'en trouve autant éloignée de l'autre
côté ; d'où l'on voit que l'axe de l'horizon qui paffe par
le centre du globe eft oblique à l'horizon même, &
devient un diamêtre de cette ellipfe , comme la fection
de l'horizon & du méridien devient fon diamêtre conjugué. Cette verticale eft plus grande ou plus petite autant qu'elle s'approche de l'équateur , ou qu'elle s'en
éloigne , de forte que le petit demi-axe du globe & le
rayon de l'équateur font fes limites. Il ne feroit point difficile de déterminer la diftance de cette verticale à l'axe
oblique , puifqu'elle forme le côté d'un triangle rectangle dont l'hypothénufe eft le demi-axe oblique, & l'autre côté eft la verticale même. L'angle formé au centre par ce diamêtre oblique eft le fupplément de celui
que la tangente fait au point du zénith ou du nadir avec
cet axe oblique. Toutes ces lignes & tous ces angles fe
connoiffent par la nature de l'ellipfe dont les axes font
déterminés, & par la valeur des diamêtres des parallèles
à l'équateur.

26. Je ne m'étendrai pas davantage fur ce que pourroit éxiger une matière qu'il me fuffit d'avoir indiquée.
Il ne faut que réfléchir fur les calculs qu'éxige la pro-

jection fphérique, dans laquelle cependant il règne une proportion conftante entre les objets à projetter & les efpaces qu'ils doivent occuper dans la projection, pour être convaincu des difficultés qui fe rencontrent dans la projection d'un fphéroïde pour un horizon particulier où cette proportion , quoique toujours éxiftante, ne peut fe déterminer que par des moyens laborieux. Il ne doit être queftion de formule générale qu'autant qu'elle fe déduit de la nature du fphéroïde , comme les formules que l'on tire de la fphéricité. De plus, il n'y a point de difficulté à trouver ces formules quelconques ; mais tout le travail confifte dans l'application que l'on en veut faire. Il faut bien étudier la coupe d'un fphéroïde par un méridien pour un horizon quelconque, & l'on reconnoîtra que fi la diftance entre l'axe oblique de l'horizon & la verticale devenoit nulle , le fphéroïde reprendroit la forme fphérique , & les efpaces projettés s'exprimeroient par les tangentes de la moitié des arcs compris par les rayons vifuels ; mais cette diftance change la nature des triangles & les rend diffemblables; d'où l'on voit, comme je l'ai fait remarquer N°. 14 & 23 , que les parallèles doivent fe projetter en ellipfes, & que par conféquent la formule de l'auteur de l'écrit , telle générale qu'il la fuppofe pour s'appliquer à *notre planète* confidérée comme *fphère* ou comme *ellipfoïde allongé* ou *applati* , éxige un travail dont le réfultat, pour la précifion , fait voir qu'on a employé beaucoup de temps affez inutilement.

Pag. 16.

27. Il ne me refte plus qu'à conclure de toutes les obfervations qui font l'objet de ce mémoire, que l'on ne peut tirer, pour la perfection de la géographie, aucun avantage des projections calculées fuivant la figure du fphéroïde applati, & qu'il eft bien plus expédient d'employer le développement pour la partie du globe que l'on veut repréfenter. Le détail dans lequel je fuis entré pour la

conftruction

conſtruction d'une carte à très-grand point, Nᵒ. 10, &
par lequel il eſt démontré que la différence entre la
ſphéroïdité & la ſphéricité du globe, n'eſt point capable d'altérer aucunement la préciſion que l'on doit éxiger de la part du géographe; ce détail, dis-je, porte
avec lui une évidence à laquelle on ne peut ſe refuſer. Si
l'auteur de *l'écrit cité*, & *de la carte de la Méditerranée*,
après avoir diſcuté ſous quel rapport il prendroit les
deux axes du globe, ayant adopté celui de 254 à 253,
prétend que l'influence de l'applatiſſement eſt ſenſible
ſur les cartes, & qu'il y a eu égard dans les ſiennes,
n'auroit-elle pas dû ſe trouver encore plus ſenſible, en
adoptant le rapport de 187 à 186, qui eſt plus fort
que le précédent? L'on a cependant pu remarquer que
cette différence en longitude & en latitude n'étoit point
de nature à altérer la préciſion que la conſtruction des
cartes éxige.

28. Je ne dirai jamais qu'il eſt *dangereux & impoſſible*
*d'avoir égard à l'applatiſſement de la terre dans la géographie.*
Où pourroient ſe trouver ce danger & cette impoſſibilité ?
Cherchons-y l'utilité. L'on doit toujours tendre par le
calcul à la plus grande approximation. Je ne ſoutiendrai
pas qu'il y ait *dans le ſphéroïde des grandeurs rebelles qui ne*
*voudroient pas ſe laiſſer meſurer ; tandis que dans la ſphère,*
*des grandeurs analogues, mais dociles, viendroient comme*
*ſe tracer exactement dans une projection.* Mais quand il a
été démontré, Nᵒ. 10, que ſur une hauteur de 18 pieds
9 pouces, ou de 32400 douzièmes de ligne pour 9 degrés de latitude, il ne faut ajouter que 42 douzièmes de
ligne, ou 42 ſecondes, qui équivalent, Nᵒ. 10, ſur le
tout à $\frac{42}{144}$, ou preſqu'un tiers ou $\frac{1}{7}$ de lieue, & dans la
diſtribution $\frac{1}{64}$ de ligne par lieue de 25 au degré ; qu'en
réſulte-t-il, ſinon, que pour l'éxactitude de la géographie, il n'importe quelle hypothèſe on veuille ſuivre,
quand on voit que l'erreur ne pourroit ſe faire en plus

Pag. 23.

Pag. 23.

E

que d'environ $\frac{1}{400}$, & en moins que $\frac{1}{3600}$ par lieue ? Il feroit bien à fouhaiter que dans l'hypothèfe ordinaire de la fphéricité, on pût dans les calculs ne pas fe tromper davantage en plus ou en moins. Pourroit-on affurer que l'on a évité cette erreur, quand on auroit même tracé cette carte fur le cuivre, pour fe garantir de celles que le calque du deffein pourroit occafionner ? Je crois au contraire, & je fuis même perfuadé, que l'on évitera plus fûrement cette erreur du rétréciffement du papier, en calquant fur le cuivre le deffein que je fuppofe avoir été fait avec toute la précifion poffible, fi l'on a l'attention de frotter avec la dent de loup ou le bruniffoir fur le dos de ce deffein appliqué fur le cuivre enduit de cire ; fi l'on frotte, dis-je, dans le fens de la plus grande longueur. Il n'en eft pas en effet de la taille-douce comme de la gravure en bois ou des caractères de librairie ; la preffion verticale fuffit pour la dernière, & ne caufe au papier qu'une dilatation générale & de tout fens ; au lieu que pour la première, la preffe eft une efpèce de laminoir, qui, preffant fucceffivement fur toutes les parties du papier que l'on fait gliffer entre les deux rouleaux, ne peut qu'allonger la feuille d'un fens, fans augmenter fon étendue de l'autre : d'où il réfulte que jamais cette feuille ne peut, en féchant, fe réduire à la longueur qu'elle avoit primitivement.

Il y auroit un moyen très-fimple d'obvier à tous ces inconvéniens, & de fatisfaire le public, qui ne peut pas, même à l'aide du compas, fe convaincre fi l'on a eu égard à l'applatiffement du fphéroïde. Ce feroit d'indiquer fur la carte la valeur que le degré de latitude & celui du parallèle doivent avoir, fuivant l'hypothèfe que l'on auroit adoptée. L'on feroit prévenu, par exemple, que dans une carte d'Europe de 8 pieds de haut, l'efpace de cinq degrés du 55<sup>e</sup>. parallèle de 7 pouces 10 lignes 9 douzièmes, doit être plus fort de $\frac{5}{11}$ de ligne que dans le sphérique ; ce qui donne $\frac{1}{164}$ de ligne par lieue : de même qu'il doit y avoir $\frac{1}{3}$ de ligne de plus dans l'espace du méridien compris entre le 50 & le 55ᵉ. degré, lequel tiers de ligne répandu sur 100 lieues, donne par lieuë $\frac{1}{300}$ de ligne : le tout d'après l'hypothèse de la puissance $3\frac{1}{2}$.

29. Si l'on suppose donc la terre sphérique, *on ne court risque*, dit l'auteur que j'ai cité, *de se tromper que d'une assez petite quantité. Mais il n'est pas moins vrai*, ajoute-t-il, *que cette petite quantité elle-même peut avoir des suites fâcheuses*; quand ce ne seroit sans doute que *cette diminution de 37 toises sur un degré, qui équivalent*, N°. 19, à $\frac{1}{1342}$ par degré, & à $\frac{1}{129}$ de ligne par lieue d'un pouce : *enforte qu'il n'est point de raisons solides qui puissent autoriser à la négliger*. On auroit tort sûrement de la négliger dans le calcul : le tout consiste à la faire sentir dans l'emploi physique. Cette erreur est d'une assez petite quantité. Il faut donc un très-grand travail pour éviter cette très-petite erreur. Mais ce travail doit se faire sans *donner*, comme le voudroit cet auteur, *aux mesures la moindre atteinte possible, comme en faisant des corrections proportionnelles à l'amplitude des arcs.* Il ne faut pas se trouver *contraint de diminuer un peu le premier degré de latitude, & obligé, dans un autre cas au contraire, de rendre ce premier degré un peu plus grand que les opérations ne l'ont donné, & par ce moyen augmenter de 7 toises* (ou *de $\frac{1}{717}$*) *le degré du cap.* Ne seroit-ce pas, comme a fait cet auteur, agir contradictoirement, & ajouter gratuitement aux travaux des savans géomètres & physiciens qui, dans cette matière, doivent être nos guides ? A eux seuls il appartient de corriger leurs opérations & leurs calculs. *Autant la théorie & les mesures actuelles s'accordent*, dit M. de la Condamine, *à faire de la terre un sphéroïde applati vers les poles, autant diffèrent-elles entre elles sur la quantité de son applatissement.* Cette différence



Pag. 5.

varie depuis $\frac{1}{131}$ jufqu'à $\frac{1}{303}$. Il faut convenir que notre globe eft applati vers fes poles ; mais on peut dire avec ce favant académicien, *que les hypothèfes propofées fur la figure de la terre font ou purement géométriques, ou abfolument gratuites, ou font trop de violence aux obfervations en cherchant à les accorder.* Autrement, *c'eft prendre l'effor dans la fphère des probabilités, & foumettre également le réel & l'intelligible aux démonftrations mathématiques.*

M. d'Anville, qui, dans le temps qu'il publia fa propofition fur la figure de la terre en 1735, jouiffoit déja d'une réputation bien méritée par les ouvrages qu'il avoit donnés au public, penfe « que ce ne fera point bleffer ni l'éxactitude requife dans l'étude & dans la compofition de la géographie, ni la confidération due aux auteurs du fphéroïde applati, de dire que la délicateffe de ce fyftême n'a pas dû frapper affez confidérablement les géographes pour les troubler dans leur travail, & les affujettir dans leurs cartes à quelque diftinction de deux différens diamêtres de la terre. Que l'hypothèfe du fphéroïde oblong, en conféquence de l'inégalité des degrés fur le méridien, a fans doute quelque chofe de plus fenfible. Cependant, continue-t-il, fi l'on y prend garde, la plus grande difproportion ou différence dans l'étendue des degrés qui tombe fur les deux extrêmités vers l'équateur d'un côté, & vers un pole de l'autre, ne paroît regarder que des contrées, fur lefquelles une certaine précifion dans les ouvrages de géographie n'eft guères praticable, ni requife, & ne feroit pas trop fenfible. Cette confidération peut mettre une forte d'indifférence dans l'efprit d'un géographe, fur l'inégalité des degrés de latitude & l'hypothèfe qui en réfulte. Il femble qu'il faille quelque chofe de plus confidérable, pour que la géographie s'en apperçoive, & veuille fouffrir du changement ».

Ne cherchons donc point à éblouir les yeux du public par un appareil de calculs, qui, supposé qu'on les ait faits, n'ajoutent rien à la précision graphique. Trop judicieux pour éxiger dans la pratique cette précision que la théorie nous présente, & à l'emploi de laquelle nos organes se refusent, respectons-le en ne lui présentant que des ouvrages dont l'utilité se fasse plus sentir par elle-même, que par des raffinemens qui tiennent trop du minutieux. Il saura toujours avoir égard à nos efforts, & assurer à nos productions l'estime qu'elles méritent.

## F I N.

mera en tout aux Réglemens de la Librairie , & nòtamment à celui du 10 Avril 1725 , à peine de déchéançe de la préfente Permiffion ; qu'avant de l'expofer en vente , le Manufcrit qui aura fervi de copie à l'impreffion dudit Ouvrage , fera remis dans le même état où l'Approbation y aura été donnée , ès mains de notre très-cher & féal Chevalier , Garde des Sceaux de France , le fieur HUE DE MIROMENIL ; qu'il en fera enfuite remis deux Exemplaires dans notre Bibliothéque publique ; un dans celle de notre Château du Louvre , un dans celle de notre très-cher & féal Chevalier , Chancelier de France , le fieur DE MAUPEOU , & un dans celle dudit fieur HUE DE MIROMENIL : le tout à peine de nullité des Préfentes ; DU CONTENU defquelles vous MANDONS & enjoignons de faire jouir ledit Expofant & fes ayans caufes , pleinement & paifiblement , fans fouffrir qu'il leur foit fait aucun trouble ou empêchement. VOULONS qu'à la copie des Préfentes , qui fera imprimée tout au long , au commencement ou à la fin dudit Ouvrage , foi foit ajoutée comme à l'original. COMMANDONS au premier notre Huiffier ou Sergent fur ce requis , de faire pour l'exécution d'icelles , tous actes requis & néceffaires , fans demander autre permiffion , & nonobftant clameur de Haro , Charte normande , & Lettres à ce contraires ; Car tel eft notre plaifir. DONNÉ à Fontainebleau , le dix-neuvieme jour du mois d'Octobre , l'an de grace mil fept cent foixante-quinze , & de notre Regne le deuxième.

PAR LE ROI EN SON CONSEIL.

*Signé* , LEBEGUE.

*Régiftré fur le Regiftre XX de la Chambre Royale & Syndicale des Libraires & Imprimeurs de Paris , n°. 328. fol. 35. conformément au Réglement de 1723 , qui fait défenfes , article IV , à toutes perfonnes de quelque qualité & condition qu'elles foient , autres que les Libraires & Imprimeurs , de vendre , débiter , faire afficher aucuns livres , pour les vendre en leurs noms , foit qu'ils s'en difent les Auteurs , ou autrement , & à la charge de fournir à la fufdite Chambre huit exemplaires , prefcrits par l'article 108 du même Réglement. A Paris ce 24 Octobre 1775.*

SAILLANT , Syndic.

---

# ERRATA.

PAg. 30 , lig. 23 , 94 $\frac{1}{4}$ , *lifez* 94 $\frac{1}{372}$.
lig. 24 , 92 $\frac{1}{2}$ , *lif.* 92 $\frac{164}{187}$.
*Idem.*   1 $\frac{3}{4}$ , *lif.* 1 $\frac{1}{2}$.